Stéphane Rudaz

DE LA SOUFFRANCE À L'ACCEPTATION

Editions Recto Verseau

TABLE DES MATIERES

Illustration de couverture : mandala,
«Connais-toi toi-même» de Marlis Ladurée
Couverture : *NRL*

CP 12 - 1680 ROMONT (SUISSE)
ISBN 2-88343-099-3

INTRODUCTION

Ce qui est s'oppose à ce que vous voulez que ce soit.

(Swami Prajnanpad)

Rien de réel peut être menacé. Rien d'irréel n'existe. En Cela réside la paix de Dieu.

(Cours en miracles)

Si la paix nous a quitté, c'est parce que nous nous en sommes privé, non parce qu'on nous en a dépossédé.

(Michael Dawson)

L'exigence pour l'homme est : devenir ce qu'il est et être ce qu'il devient.

(Karlfried Graf Durckheim)

La vie nous meurtrit jour après jour, elle nous traîne dans le malheur pour tout à coup, par miracle, nous éblouir d'un bonheur éphémère. Mais qui est donc cette vie qui a l'audace de nous mener par le bout du nez, de décider pour nous, qui peut se permettre du jour au lendemain de nous faire chavirer d'un moment de quiétude à un moment de turbulence et inversement sans jamais nous demander notre avis ?

Que pouvons-nous faire face à tant de rectitude, tant de persévérance, tant de force ? Se révolter, se battre, se soumettre, abdiquer ?

Et si la Vie c'était nous !

Et si nous étions la Vie !

Et si au lieu de la regarder comme si nous étions à l'extérieur d'elle, nous nous fondions en elle.

Et si cette pire ennemie, tant redoutée, n'était finalement que notre meilleure amie, celle qui ne cherche rien, ne propose rien, n'est là que pour la simple raison qu'elle est là.

L'acceptation de cela nous amène directement au cœur de la Vie, là où nous Sommes. Nous voilà ainsi retrouvés.

La vie et nous ne faisons qu'un, la souffrance est le résultat de la non-acceptation de cela.

L'ACCEPTATION : UN ÉTAT

Au lieu de nous épuiser à faire des efforts, de nous tendre vers le but, il suffit d'accueillir à chaque instant la réalité telle qu'elle est en mettant fin aux cogitations du mental. Au lieu de lutter pour accepter ce qui est, cessons de dépenser notre énergie à refuser qu'instant après instant la réalité soit ce qu'elle est, telle qu'elle est. Alors l'essence se révèlera d'elle-même.

(Arnaud Desjardins)

Dans l'acceptation fonctionnelle, l'accent n'est pas mis sur ce que l'on accepte mais sur l'acceptation, le fait même d'accepter.
L'acceptation psychologique et une forme subtile de sacrifice.
Dans la non-acceptation vous restez impliqué dans l'objet, lié à lui.

(Jean Klein)

D'un point de vue spirituel, il n'y a pas de conflit possible et rien à résoudre. Il y a uniquement acceptation, célébration de l'évidence.

(Eric Baret)

L'acceptation consiste à reconnaître que ce qui nous est arrivé, ce qui nous arrive, ce qui va nous arriver et nous-même ne font qu'un.
C'est notre réalité et rien d'autre n'existe en dehors de cela.

La vie est telle qu'elle est, rien ne la fera changer de l'extérieur, aucune action de notre part n'aura d'effet sur elle.
L'acceptation s'inscrit dans cette ligne où ce qui est EST et que nous nous en réjouissons parce que nous sommes cela.

L'acceptation n'agit pas sur la vie, sur les événements passés, présents ou futurs. L'acceptation n'est pas une action, elle est présence. L'acceptation s'aligne sur la vie de manière à ce que rien ne dépasse. Ainsi rien n'est dysharmonieux.

L'acceptation rassemble en un seul état le spectateur et l'événement. L'un et l'autre ne sont plus séparés et ce que nous considérons comme notre réalité disparaît.

Au départ nous utilisons parfois l'acceptation comme un outil. La vie nous fait souffrir et grâce à l'acceptation nous nous

alignons sur la vie et tout se met à rentrer dans l'ordre. Nous nous sentons mieux pour un instant.
Ce procédé nous amène à utiliser l'acceptation comme une aide. Nous la sortons de son véritable contexte. Nous en faisons une action au lieu de la vivre comme un état. Dans ce cas l'acceptation est utilisée comme un moyen de dépannage qui ne sera pas durable.

La vie continue toujours son chemin, elle n'a pas de compte à nous rendre, elle ne s'arrête jamais. Alors que nous croyons avoir saisi une situation de vie, déjà celle-ci continue son chemin.
Nous ne pouvons pas comprendre la vie, cela consisterait à l'arrêter. Nous ne pouvons qu'être la vie en l'acceptant dans sa globalité.

Quand nous sommes dans l'acceptation nous ne portons aucun regard sur la vie, nous n'avons pas d'avis, pas de jugement car rien ne nous différencie de la vie.

L'acceptation est souvent considérée comme un espace difficile d'accès. Pour l'atteindre nous devons lâcher toutes nos habitudes quotidiennes rassurantes qui,

paradoxalement, nous plongent dans la souffrance.
L'acceptation nous permet d'aller au-delà de ce que nous voyons et de ce que nous ressentons, en deçà de la subjectivité qui compose notre extériorité et qui nous rend si différents les uns des autres.

Tout ce qui peut nous arriver et tout ce que nous pouvons faire n'a plus aucune importance aux yeux de l'acceptation, car tout est et nous sommes cela.

L'acceptation est une sorte d'indifférence attentionnée.

Rien n'est important, rien n'est différent, rien n'est émouvant, rien n'est douloureux. A lire ceci on pourrait croire que l'acceptation est fade, irresponsable, incolore et monotone.
Quand nous cessons de vivre dans notre extériorité, toutes nos raisons d'exister, nos refus, nos positionnements, nos jugements, nos particularités, nos attentes, nos besoins se mettent à fondre pour disparaître complètement. Rien ne peut exister, parce que tout EST.
L'acceptation est ce moment de passage où la vie n'est plus discutée, regardée ou

analysée pour être reçue par notre intériorité.

Quand quelque chose nous dérange dans le déroulement de notre vie, devenons cette chose dérangente, car la vie, quelle qu'elle soit, est nous.

L'acceptation est le destructeur-broyeur de nos croyances.
Aucune croyance, aucune idée préconçue, aucun avis n'a sa place face à l'acceptation car elle prend toute la place.

L'acceptation n'a qu'une seule devise : *C'EST ET NOUS SOMMES CELA*.

L'observation et l'analyse sont englouties dans l'acceptation qui reçoit la vie en elle.

La seule chose que nous avons à faire c'est accepter. Lorsque nous sommes, l'acceptation nous habite.
La vie s'offre à nous et c'est tout, aucun choix n'est possible. Nous devons la recevoir telle qu'elle est, ce qui n'est en réalité pas un problème parce que nous sommes la vie.

Vouloir accepter consiste à se forcer à

admettre quelque chose qui nous dépasse et qui ne nous convainc pas. Nous nous éloignons alors fortement de l'état qu'est l'acceptation.

Accepter que la vie est un tout, que c'est, rien de plus, rien de moins, qu'aucun choix ne peut être possible car tout Est. Voilà l'acceptation qui nous habite enfin.

L'acceptation nous amène dans un espace de bien-être sans cause et sans intention.

L'acceptation consiste à arrêter de regarder la vie pour laisser la vie nous regarder.

L'acceptation ne consiste pas à accepter systématiquement ce qui nous arrive mais plutôt de reconnaître au profond de nous-même que C'EST.

L'acceptation n'est pas une action mentale qui consiste à reconnaître que pour notre mieux-être ce que la vie nous propose est bien. Cette démarche est une ruse qui ne tardera pas à se faire dépasser par la vie.

L'acceptation n'est pas synonyme d'indif-

férence. Lorsque nous regardons la vie, et que ce que nous captons ne nous intéressent pas, alors nous entrons dans l'indifférence.
Si nous nous contentons de laisser la vie nous regarder, tout se retrouve dans cet acte et nous ne pouvons pas devenir indifférents, car rien n'intéresse ou n'attire notre regard tout comme rien ne le désintéresse ou ne le repousse.

L'acceptation se situe entre l'intérêt et l'indifférence, entre le bien et le mal. Cet espace nous paraît bien étroit pour nous y loger. Ne cherchons pas à nous y insérer; nous y sommes déjà.

L'acceptation ne peut pas s'appliquer à ce qui nous arrive car dans ce cas nous cherchons à accepter parce que nous nous sentons concernés. Nous croyons que la vie nous a pris pour cible. Cette position extérieure si proche de ce qui nous arrive nous empêche d'être la vie.

La seule et unique chose que nous pouvons accepter est la vie, car nous sommes cela. C'est en habitant cette conscience que l'acceptation peut entrer en action.

Rien ne nous arrive particulièrement. Tout arrive, se déroule parce que cela se passe ainsi et pas autrement. S'arrêter sur un fait et essayer de l'accepter n'aboutira qu'à l'échec.
L'acceptation est au-delà d'un fait, elle englobe tout.

LA
NON-ACCEPTATION

Une chose ne se casse que dans la mesure où on lui offre de la résistance; l'homme ne se brise que parce que, s'étant démesurément cramponné à son moi, l'appel de son être ne peut plus l'en libérer, seule est destructible la forme de celui qui ne laisse plus s'opérer la transformation exigée par l'être.

(Karlfried Graf Dürckheim)

Nous cherchons toujours à jeter un pont entre ce qui est et ce qui devrait être; et par là, donnons naissance à un état de contradiction et de conflit où se perdent toutes nos énergies.

(Krishnamurti)

Nous ne percevons pas que nous sommes, en réalité, libres des limites de l'individualité égocentrée. Notre expérience se borne à cette fication sur la notion de moi, de moi j'existe.

(Bokar Rimpotché)

L'accumulation des non-acceptations construit notre identité, cette image extérieure que nous défendons aux yeux des autres.

La non-acceptation ne nous apparaît jamais comme une évidence. C'est une attitude qui nous paraît normale et que nous ne repérons pas.
La non-acceptation n'est pas détectable, le seul élément qui peut nous mettre sur sa piste est la souffrance.

La non-acceptation est produite par notre volonté d'exister. Nous sommes créateurs de cette attitude. Nous en sommes donc fiers et n'avons nullement l'intention de mettre en cause sa réalité.
La non-acceptation fait partie de notre quotidien et il nous est difficile avec notre simple attention d'en prendre conscience. Le déclencheur possible permettant de repérer une non-acceptation est avant tout le constat de la souffrance.

Ce qui nous dérange et qui nous met mal à l'aise est souvent lié à notre perception de la vie. Celle-ci est soudain contrariée, mise en difficulté par un évènement que nous ne pouvons contrôler et qui met à mal notre positionnement. Nous avons alors le choix entre prendre conscience de notre réaction ou souffrir en nous installant dans la non-acceptation.

L'acceptation est globale, totale, elle se fond dans la vie, car tout est là. La non-acceptation est fragmentée, elle porte son attention sur un fait, une situation, un évènement, elle dissèque la vie.

Nos émotions sont la manifestation de notre non-acceptation. Ne cherchons pas à les retenir ou à les accentuer. Essayons par contre d'accueillir leur émergence et profitons-en pour remonter à la source afin de constater que ce qui provoque les émotions c'est notre non-acceptation de ce qui se passe, de la vie.

Dans la non-acceptation, la vie est notre ennemie, nous la craignons, elle est source de notre malheur.

Rien ne nous arrive particulièrement, la vie ne fait que se dérouler. Croire que nous sommes touchés, concernés, nous empêche d'être acceptation. Nous nous laissons emporter par nos croyances et subissons la vie.

Notre manière de percevoir la vie nous plonge dans la non-acceptation, car rien ne se passe comme nous le souhaitons et cela nous ne l'acceptons pas.

LA SOUFFRANCE

Ce sont «mes valeurs» ou «mes images» illusoires du monde qui sont la cause de toutes mes joies et de toutes mes peines.

(Swami Prajnanpad)

Qu'est-ce que la souffrance ? C'est un désir contrarié. C'est désirer que les choses se passent comme tu le veux ou que les personnes se comportent comme tu le voudrais, et lorsque ça ne se passe pas comme cela, le désir bute sur la réalité et, de cette friction, surgit la souffrance.

(Anthony De Mello)

Quand on examine ce que l'on appelle la souffrance, on s'aperçoit que c'est toujours lorsque l'on a la prétention de penser que les situations pourraient être autrement. Dans une acceptation profonde de la situation, il n'y a jamais souffrance, mais dans l'histoire que l'on crée de ce que l'on prétend être, alors, bien sûr, on trouve intolérable, inacceptable, telle ou telle situation en fonction d'une image, d'une histoire à laquelle on s'identifie.

(Eric Baret)

Personne ne peut nous faire de mal, c'est notre vision, notre jugement, notre perception de ce qui nous arrive qui nous plonge dans la souffrance.

Plus nous résistons à la souffrance, plus nous la refusons, plus elle s'incruste en nous. Notre refus de la souffrance nourrit celle-ci.

Une souffrance n'existe et ne dure que par le regard et le soin qu'on lui porte. Nous l'entretenons par notre croyance en elle.

La souffrance est le fidèle compagnon de notre quotidien. Nous vivons en sa présence sans jamais prendre le temps de la reconnaître, d'en prendre véritablement conscience, sans l'exagérer, sans l'ignorer, juste l'accueillir, là, maintenant.

La souffrance nous fait peur et pourtant elle nous paraît inéluctable, incontournable, faisant partie de notre destin. A force de ne jamais accepter la vie telle qu'elle est, nous nous sommes habitués à la souffrance au point de croire qu'elle fait partie intégrante de notre existence.

Souffrir un peu, beaucoup, énormément; nous avons chacun notre échelle de valeur qui nous amène à classer nos malheurs, allant du supportable à l'inadmissible. Nous sommes ainsi devenu prisonniers de notre vision du bien et du mal.

La souffrance n'a pas de degré, elle est un état où nous nous sentons mal, un point c'est tout, peu importe la cause. C'est notre perception, notre jugement de la situation qui nous permet d'établir un degré de gravité. Si nous pouvons simplement prendre acte que nous souffrons sans ajouter aucun autre qualificatif, nous apprendrons alors rapidement à détecter nos projections hors de ce que nous Sommes. Vouloir donner une note à cette souffrance, chercher à quantifier notre blessure nous éloigne de la simple reconnaissance de celle-ci.

Pourquoi souffrons-nous ? Pourquoi nous sentons-nous blessés ? Pourquoi une plaie s'ouvre-t-elle en nous ? La vie dans son déroulement a déclenché des évènements que nous trouvons injustes, que nous n'acceptons pas et nous nous révoltons contre cette vie qui a tout pouvoir.

La guérison de nos blessures passe par l'acceptation de la vie.

Nous ne pouvons pas soulager la souffrance de quelqu'un, ni en l'écoutant, ni en lui proposant des solutions pour changer sa vie. La souffrance nous est propre, elle est le résultat de notre refus de la vie, nous sommes donc seul devant notre malaise et nous seuls pouvons nous laisser habiter par l'acceptation.

La vie n'est pas ce que nous croyons ou aimerions qu'elle soit. Elle se déroule sans se poser de questions, c'est nous qui nous en posons. La vie en quelque sorte ne s'occupe pas de nous, elle nous traverse, nous envahit et si nous ne voulons pas souffrir, nous n'avons d'autre choix que d'accepter que ce qui est Est.

Tout ce qui se passe dans notre vie est la vie. Rien n'est bien, rien n'est mal, cela se déroule tout simplement. Ce qui crée la souffrance, notre malheur, c'est notre perception, notre positionnement, ce que nous pensons de ce déroulement de la vie. Si nous restons là où nous Sommes sans chercher à nous affirmer, rien ne s'oppose à la vie.

Lorsque nous vivons une émotion, nous avons l'impression que nous crevons, que nous vidons un abcès. Par rapport à la tension qui la précédait nous nous sentons mieux, nous avons l'impression d'être détendus. Mais dans l'absolu, dans la profondeur de notre être, comment nous sentons-nous ? Au-dessous de l'émotion, le malaise est souvent encore là. Nous sommes toujours à l'extérieur de ce que nous sommes parce que l'émotion ne nous permet pas de retourner en nous. Au contraire elle nous donne l'impression d'exister et nous maintient à l'extérieur de ce que nous Sommes.

ENTRE L'ATTENTE
ET LE REGRET

Nous n'avons pas le choix d'être ou de ne pas être qui nous sommes, mais chacun à la possibilité de consentir à ce qu'il est et de «se recevoir». Pour l'être humain, tout changement réel passe par cet acte radical, fondateur et réalisateur d'humanité, comme toute souffrance provient de coupures de soi, d'incapacité ou de refus de recevoir et d'être qui nous sommes.

(Aimé Hamman)

Il n'y a pas de limite à la compréhension de l'homme, pour peu qu'il accepte de ne pas s'identifier aux limites qu'il s'attribue et dont il a besoin pour garder la conscience et donc permettre la réalisation du but.

(Frank Hatem)

Tenons-nous à ce que nous vivons et non pas à ce que nous voulons vivre.

Ce qui nous arrive dans la vie ne se passe ni pour nous rendre heureux, ni pour nous rendre malheureux. La vie ne s'occupe pas de nos attentes.

Notre amour pour l'autre est souvent basé sur la manière dont sont comblées nos attentes.

Nos besoins, nos attentes nous sont personnelles, elles ne correspondront jamais ou très rarement à celles des autres.

L'attente nous amène souvent à la déception, parce qu'elle est précise et exigente et que par ces faits, elle n'est quasiment jamais satisfaite.

Nous sommes dans des attentes constantes par rapport à la vie. Nous avons besoin d'être rassurés, réconfortés, récompensés. Souvent la vie ne répond pas à ces demandes et nous en souffrons.

Personne ne peut répondre à nos demandes, personne ne peut satisfaire nos attentes, même pas Dieu. Et pourtant nous avons besoin d'exemples, de conseils, d'avis, d'encouragements pour nous situer, pour nous assurer un positionnement que la vie se fera un plaisir de déstabiliser et de mettre en doute.

La présence est sans objectif et réalisation. Elle englobe tout acte dans sa simplicité d'être. Nous faisons alors uniquement pour faire et non plus dans le désir d'obtenir.

Lorsque la vie ne correspond pas à nos attentes, les regrets succèdent aux attentes pour nous habiter, nous hanter comme si le vide nous faisait peur.

Nous regrettons de ne pas avoir eu le réflexe de faire ceci !
Nous regrettons que cela se soit passé ainsi !
Nous regrettons de ne pas avoir été à la hauteur !
Nous regrettons de ne pas avoir été là au bon moment !
Notre vie est remplie de regrets qui nous empêchent d'accepter la vie telle qu'elle se déroule.

L'attente et le regret conjuguent leurs efforts pour qu'à chaque instant de notre vie nous ayons l'impression que quelque chose se passe.

Attendre pour ne pas être, tel est notre acharnement.
Regretter, sans voir l'illusion de notre attente, tel est notre vice.

DE L'OFFENSE AU PARDON

Il est impossible de pardonner à quelqu'un d'autre, car ce ne sont que vos péchés que vous voyez en lui. Vous voulez les voir là, et non pas en vous. C'est pourquoi le pardon d'autrui n'est qu'une illusion.

(Cours en miracles)

Le pardon reconnaît que ce qui nous a été fait (selon notre vision), c'est nous, en réalité, qui nous le sommes fait à nous-même, car nous sommes la seule personne à pouvoir nous déposséder de la paix de Dieu.

(Michael Dawson)

En réalité personne ne peut t'offenser. C'est la manière dont tu interprètes la langue qui t'offense. Cela arrive lorsque tu établis un rapport entre ce qui a été dit et une image déterminée ou un concept.

(Anthony De Mello)

L'offense est la sensation que ce que nous croyons être n'est pas respecté, que quelque chose en nous est blessé. Nous pensons alors que quelqu'un par un geste ou un acte est responsable de cette blessure

Ce que l'autre peut blesser en nous est ce que nous avons créé en dehors et autour de ce que nous Sommes.

Nous ne sommes jamais offensés, nous nous sentons offensé. Nous pensons que tel geste ou telle attitude est insupportable. Il en découle un malaise et une sensation d'offense.

Qui sommes-nous pour nous sentir offensés ?

Qu'est-ce qui, en nous, peut suffisamment se mettre en évidence, chercher à exister, pour être heurté de manière à ce que nous nous sentions offensés ?

La seule chose qui peut être touchée ou blessée en nous est ce que nous croyons être.

L'offense n'a d'origine que dans notre perception de la vie.

Se sentir offensé nous permet de trouver un responsable extérieur à notre souffrance.

Personne ne peut nous faire de mal, volontairement ou involontairement. Rien de tout ce qui a été fait ici ou ailleurs, maintenant ou il y a plusieurs années n'a d'influence sur nous. Nous Sommes et rien d'autre n'existe. Tout le reste n'est que croyance. Lorsque nous nous enfermons dans nos croyances nous créons une réalité qui nous rassure mais qui s'accroche à nous, donnant ainsi une résonance à chaque acte, source de souffrance.

Nous ne sommes pas des victimes, rien ne nous est adressé personnellement, notre malheur n'a pas de source extérieure, il n'a pas d'origine. Il provient de notre perception de la vie, ou autrement dit de notre opposition à la vie, à sa fragmentation. Rien n'est dirigé contre nous. Même la vie ne s'adresse pas à nous, elle est nous.

Se sentir victime consiste à croire que l'autre et les situations de vie sont la cause de notre bonheur ou de notre malheur.

Rien ne peut nous offenser, la vie se déroule et c'est tout. Elle ne peut pas nous blesser car la vie c'est nous.

Lorsque l'offense disparaît, l'acceptation apparaît.

Le pardon existe parce que l'offense existe.

Pardonner, c'est croire que l'autre peut nous blesser, qu'il a la possibilité de nous atteindre et de modifier notre trajectoire. Nous ne pouvons pas pardonner parce que personne ne peut nous offenser car nous Sommes et que rien n'existe en dehors de cela.

Pardonner à quelqu'un c'est reconnaître sa culpabilité. Nous avons souffert par la faute de quelqu'un et nous lui faisons savoir que nous ne lui en voulons plus.

Le pardon est un essai de retour au calme. Nous souffrons par la faute de quelqu'un et nous pensons que nous retrouverons un semblant de sérénité si nous acceptons ce que nous croyons qu'on nous a fait.

Demander à l'autre de nous pardonner consiste à nous sentir coupable de nos actes. C'est croire que nous pouvons offenser l'autre. C'est mettre notre destinée entre ses mains.

Ce qui est important n'est pas de pardonner ou de demander pardon. C'est plutôt de voir si nos actes ou nos réactions créent en nous un malaise; de voir ce que cela déclanche en nous, de nous demander si notre paix intérieure est perturbée et comment nous pouvons nous y prendre pour la rétablir.

Le pardon est encore une action extérieure à ce que nous Sommes, car elle est fondée sur la croyance que nous avons été offensés.

NOS CHOIX ET NOS RÉFÉRENCES RASSURANTS ET ILLUSOIRES

Ne choisissez pas. Laissez le choix venir de la situation elle-même. C'est la situation qui choisit, et vous êtes seulement l'exécutant de ce choix.

(Jean Klein)

Il est impossible pour quelqu'un d'obtenir ce qu'il ne possède pas déjà. Même s'il l'obtient, cela partira comme c'est venu. Ce qui arrive doit aussi s'en aller. Seul demeure ce qui toujours est.

(Sri Ramana Maharshi)

Ne cherche pas à devenir quoi que ce soit. Vis en ce monde sans rien devenir. Si tu deviens ceci ou cela, alors, inéluctablement, quelqu'un ou quelque chose viendra te faire souffrir.

(Swami Muktananda)

Aucun choix ne nous est possible. Vouloir choisir consiste à combattre la vie, à imposer notre volonté au dépens de notre être.

Pouvoir choisir nous donne l'illusion d'être et de vivre.

Le choix existe quand nous vivons à l'extérieur de ce que nous Sommes.

Que nous soyons hésitants à choisir, que le choix ne nous soit pas possible ou que nous fassions un choix, tout ceci est illusion parce que le choix ne nous appartient pas.

Choisir est un souhait d'indépendance, une envie de maîtriser la vie, c'est un saut hors de soi.
La vie se déroule, elle est, et rien d'autre n'existe en dehors de cela, le choix s'oppose à cela.

Choisir ! Devons-nous faire ceci ou faire cela ? Comment faire le bon choix ? Rassurons-nous tout de suite. Il n'y a pas de bon choix. Contentons-nous de faire ce que nous faisons et autant ceci que cela sera le choix. Ce qui est important est d'habiter ce que nous faisons parce que nous sommes cela.

Lorsque la vie s'impose à nous et qu'elle nous empêche ainsi de choisir, qu'elle va à l'encontre de notre choix, nous nous sentons alors privés de liberté. Le choix nous paraît indispensable lorsque nous vivons à l'extérieur de ce que nous sommes et nous nous sentons mal lorsque la vie ne nous laisse pas la possibilité de choisir.

Tout ce que nous faisons Est, et nous Sommes cela. Donc, il nous est inutile de chercher à avoir des raisons de faire.

Lorsque nous faisons ce que nous faisons sans chercher à faire, à comprendre, à choisir, nous entrons alors dans la simplicité de notre être essentiel, dans un espace ou l'acte et nous-même ne font qu'un.

Nous croyons souvent que nous ne pouvons vivre qu'en passant de références en références et que ce qui peut animer notre vie est la qualité de notre référence. Nous pensons même parfois que nous pouvons agir sur nos références, en les modifiant pour améliorer notre vie.

Nous sommes habitués dans la vie à ne faire aucun pas sans nous assurer qu'il s'appuie sur une référence, qu'il corresponde à un point d'attache. Cela nous rassure, mais ainsi nous sommes prisonniers de notre extériorité.

Nous avons tous vécu un grand nombre d'expériences qui composent en quelques sorte ce que nous croyons être. Nous en dépendons et chaque moment présent que nous vivons en est entaché.

Ce que nous avons vécu ou ce que d'autres personnes proches de nous ont vécu n'a en réalité aucune influence sur notre présent. Des faits se sont déroulés et d'autres se déroulent maintenant. Les rapports que nous voulons établir avec eux nous empêchent de vivre le moment puisque nous avons toujours besoin d'une référence pour nous permettre de vivre.

Notre perception de la vie nous rassure, elle nous cadre, elle jette des points de repère qui vont établir à la longue notre carte de route. Tout ce qui nous arrive est alors projeté et inscrit sur cette carte qui nous permettra de nous retrouver, de nous situer par rapport à chaque nouvelle situation.

Il arrive que le sol se dérobe sous nos pieds, que nos références, nos points de repère, nos points d'attache disparaissent par enchantement sans que l'on ait rien pu préparer. La panique nous envahit alors, car nous n'avons plus rien à quoi nous accrocher, le vide s'installe en nous. Nous sommes désemparés car incapables de prendre conscience qu'enfin, à cet instant, nous Sommes et que rien d'autre n'existe en dehors de cela.

Nous portons toujours un regard sur ce qui nous arrive et sur ce qui se déroule autour de nous. Ainsi nous établissons une distance entre nous et la vie. Nous nous sentons différents. La vie ne s'arrête jamais, se modifie tout le temps, nous ne pouvons donc pas la regarder, car pour le faire nous devons la stopper, faire un arrêt sur image. Nous figeons la réalité pour soit-disant la comprendre. En fait nous l'interprétons sur un moment arrêté dans le temps, alors que la vie a déjà continué son chemin.

ÊTRE LA VIE

Plus je me connais moins je désire me protéger - parce que moi ce n'est rien du tout; ce n'est qu'un amas de paroles, de mots et de souvenirs. Je protège quelque chose qui n'existe pas, qui n'est qu'une idée, un concept : c'est «cela» que je protège, c'est cela pourquoi je résiste, je me défends. Je suis en guerre avec le monde entier, pour le maintenir.
(Krishnamurti)

Ni toi, ni les projets que tu échafaudes, ni ton désir de changer les choses ne sont importants dans le déroulement de la vie. C'est la vie qui importe et elle suit son cours sans consulter quiconque. Lorsque tu comprends cela et que tu adhères librement à la réalité de la vie, ta vie personnelle prend un sens.
(Anthony De Mello)

La résistance à la vie dans sa poussée vers le devenir est la cause d'une grande souffrance.
(Karlfried Graf Dürckheim)

Vivre le présent c'est être ce que nous vivons. Il n'y a pas de différence entre la vie et nous-même.

Ce que nous pensons de ce que nous vivons même dans l'instant présent nous empêche de vivre le présent. Nous créons alors un décalage entre nous et la vie.

Chaque chose, chaque situation, chaque individu a sa place là où il est, dans le moment présent. Rien ne peut changer cela et surtout pas nous. En l'acceptant nous faisons partie intégrante du mouvement incessant de la vie.

Tout Est, rien de plus ni de moins, la vie se déroule et tout est là. Mais attention dès que nous posons un regard sur cela, déjà nous commençons à nous éloigner de ce que nous sommes. Nous créons une distance entre ce qui Est et nous.

Et si la vie n'avait pas besoin de nous pour être, si nous n'étions ni en trop, ni attendu, mais intégré en elle, dans cette plénitude du vide ou rien n'est à faire et rien n'est à attendre.

La vie n'est pas une étrangère, c'est nous. Prenons juste le temps de l'accepter.

Nous passons notre temps à interpréter la vie au lieu de tout simplement la vivre. Nous érigeons des obstacles entre la vie et nous, nous nous protégeons d'elle comme si elle était notre pire ennemie.

Nous sommes la vie et rien d'autre. Ainsi tout ce qui se déroule Est. Rien de plus, rien de moins, ni bien, ni mal. Nous ne sommes nulle part pour prendre position, pour porter un jugement.

Ne nous battons pas contre ce qui nous arrive quotidiennement et ne nous couchons pas non plus devant la vie. Laissons-là seulement nous traverser, venir de là où elle vient pour aller là où elle va. Laissons la s'épanouir en nous.

Nous sommes debout entre le Ciel et la Terre et la vie nous traverse verticalement pour aller d'un point à l'autre, se servant de nous comme d'un trait d'union. Lorsque nous ne changeons rien à cela, Nous Sommes.
Quand nous cherchons à exprimer la vie horizontalement, nous nous projetons à

l'extérieur de ce que nous sommes, nous interprétons la vie, ce qui est réellement impossible.

Laissons la vie nous regarder, sans jamais porter ne serait-ce qu'un clin d'oeil sur elle, pas de perception, pas de point de vue, pas de jugement, juste la vie qui va nous toucher là où elle veut, illuminer de son regard notre Etre.

La mort nous fait peur, parce que nous avons isolé la mort de la vie. La mort fait partie de la vie, elle est un déroulement de cette dernière. Nous ne pouvons pas refuser la mort mais nous pouvons par contre nous opposer à la vie. Cette réaction nous plonge dans un état d'insécurité. Lorsque nous acceptons la vie, nous acceptons forcément la mort.

La vie, telle qu'elle est, une, sans raison et sans intention, pure, nous fait peur. Nous avons besoin soit d'y rajouter des points de repère pour lui donner un sens, soit de n'y voir aucun sens et donc aucune raison de vivre.

La vie n'a pas de sens, nous naissons pour mourir. Nous cherchons à donner un sens

à la vie en nous fixant des objectifs qui nous rendront heureux ou malheureux selon les résultats obtenus.
La vie EST, il n'y a pas de raison, d'explication à cela.

La vie n'a pas de sens, c'est nous qui cherchons à lui en donner un. nous nous battons contre la vie pour lui imposer une direction. Mais cela est peine perdue, la vie va où elle doit aller, et si nous lui faisons obstacle, elle nous fera voler en éclats. La vie est indomptable, si nous n'avons pas intégré cela, nous risquons de l'apprendre à nos dépens.

La vie n'a aucun sens, le seul sens qu'elle a c'est qu'elle EST et c'est largement suffisant.

La vie n'a pas d'attache, pas de route toute tracée, on ne peut pas la comprendre. Elle est insaisissable. Elle dépasse notre entendement. Elle ne peut que nous emporter dans son flot incessant. Nous n'aurons aucun problème si nous ne cherchons pas à résister à son passage et qu'au contraire nous tenterons de faire corps avec elle.

Nous voulons être décideur. Nous cherchons à avoir prise sur notre destin, mais cela nous est impossible. Nous sommes ainsi toujours contrariés. Il n'y a que la Vie qui est décideuse, alors soyons la Vie.

L'Etre ne supporte aucun regard, car rien n'existe en dehors de lui. Tout vit en lui et cela suffit.

Ce qui se passe dans ma vie et ce qui va se passer dans ma vie n'est pas tributaire de ce qui s'est passé dans ma vie.

Rien ne peut vivre en dehors de nous. Il est donc inutile de sortir de ce que nous sommes pour espérer vivre.

Donner un sens à la vie nous est indispensable, cela nous rassure lorsque nous n'acceptons pas que nous Sommes, tout simplement.

Le paradoxe de notre vie est que d'une part nous Sommes un point c'est tout et que d'autre part tout est fait et se déroule pour nous faire sortir de ce que nous Sommes.

Le but de notre vie n'existe pas en dehors de ce que nous Sommes car nous sommes le but.

A chaque fois que nous croyons que la vie a un sens, nous croyons que quelque chose existe en dehors de ce que nous Sommes. C'est ainsi que pour vivre ce sens nous quittons notre être essentiel pour chercher à exister.

LES MÉCANISMES DE L'ACCEPTATION

A l'instant où nous disons «Je suis en paix», nous en avons déjà fait un état, état dans lequel nous entrons et duquel nous sortons.

(Jean Klein)

Voie absolument simple, et pour cela si difficile : il ne s'agit que d'aller où nous sommes déjà.

(André Comte-Sponville)

Vous ne pouvez jamais aller vers l'état originel parce que vous l'êtes. Vous pouvez seulement abandonner ce que vous n'êtes pas.

(Jean Klein)

Dans l'acceptation, la vie, moi, les autres, tout le reste ne font qu'un. Ils se fondent dans la seule réalité du Je Suis.

Dans la non-acceptation, la vie, moi, les autres et tout le reste sont séparés. Ce sont des mondes différents. Ce que nous croyons être nous semble distinct de tout ce que nous croyons qui existe autour de nous. Nous nous affrontons alors à tous ces mondes si différents et si incompréhensibles.

La seule et unique chose que nous pouvons accepter c'est la vie parce que nous sommes cela.

En dehors de la vie rien n'existe, nous ne pouvons donc pas accepter quelque chose qui n'existe pas.

Lorsque nous sommes dans la non-acceptation, nous percevons ce que nous croyons qui nous entoure. Nous établissons des jugements de valeur, ceci est bien, cela est mal en fonction de nos perceptions.

Ce sont elles qui établissent les règles de ce que nous croyons vivre.

Les perceptions de la vie ne peuvent pas être acceptées, elles sont extérieures à ce que nous sommes, nous ne pouvons que les subir ou les rejeter. L'acceptation se situe au-delà de ces deux réactions.

Il nous est impossible d'accepter ce que nous pensons de la vie ou ce que les autres pensent de la vie, car dans ce cas il y a séparation entre nous et la vie.

La vie n'est pas l'image que nous avons d'elle ou ce que nous aimerions qu'elle soit, nos perceptions de la vie ne sont pas la vie.

L'acceptation est simple, elle ne se situe ni en aval, ni en amont, elle colle à la vie comme son ombre sous le soleil de midi, on ne peut être plus présente qu'elle.

L'acceptation ne concerne que la reconnaissance du fait qui vient de se dérouler, elle ne s'embarrasse d'aucun commentaire et d'aucune analyse.

L'acceptation ne consiste pas à faire le mort, mais la vie ne se reconnaît pas non plus dans ce tumulte étourdissant de l'émotion ravageuse.

La vie peut être reconnue juste par un acte de prise de conscience que ce qui est EST et que nous Sommes cela.

ACCEPTATION

RECEVOIR

NON-ACCEPTATION

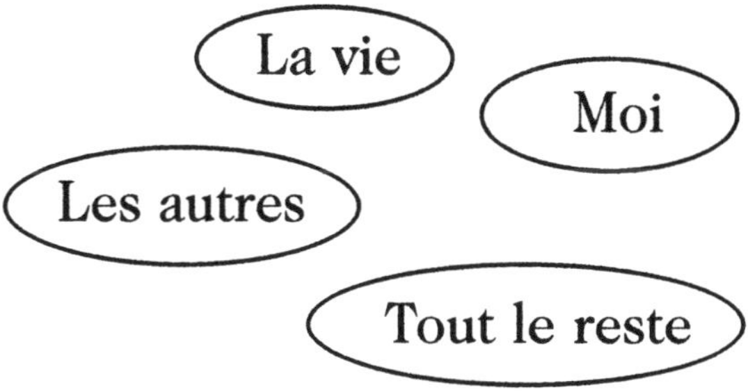

PERCEVOIR

Nul homme n'a jamais été perdu sinon pour avoir quitté sa demeure, et s'être installé à l'extérieur de manière trop permanente. Beaucoup ont cherché la lumière et la vérité, mais seulement à l'extérieur, là où elles ne sont pas. Ils vont finalement si loin qu'ils ne reviennent jamais, ne retrouvent jamais le chemin pour rentrer chez eux. Dieu est dedans, nous sommes dehors, Dieu est à la maison, nous sommes des étrangers.

(Maître Eckart)

En fait, on est déjà réalisé; il n'y a rien à réalisé; sinon cela voudrait dire que la réalisation est quelque chose de nouveau, quelque chose qui n'existait pas encore et qui un jour se manifestera. Ce qui naît est voué à la mort. Si la réalisation n'est pas quelque chose d'éternel, elle ne vaut pas la peine d'être recherchée.

(Ramana Maharshi)

AU-DELÀ
DU BONHEUR
ET DU MALHEUR

Le bonheur prend racine dans son opposition, le malheur. L'un et l'autre ne peuvent exister tout seul.

Comment chacun pouvons-nous définir notre notion du malheur sans avoir une perception du bonheur.

Comment chacun pouvons-nous définir notre vision du bonheur sans avoir une idée de ce qu'est le malheur.

Le bonheur est une situation toujours provoquée par des événements extérieurs. Nous avons gagné un concours, nos enfants ont réussi un examen, nous venons d'obtenir une promotion à notre travail, notre partenaire nous a dit qu'il nous aimait, etc. Nous sommes totalement dépendant de ce que nous croyons que la vie décide pour nous.

Nous essayons au mieux d'influencer ces événements pour qu'il penche plus souvent du côté du bonheur que du malheur. Mais nous sommes tellement démunis de moyens que nous craignons la vie.

Le malheur est également une situation toujours provoquée par des événements extérieurs. Nous avons perdu un objet qui nous était cher, nous sommes licenciés, nos enfants nous créent du souci, un accident nous plonge dans la tristesse, etc.

Dans la même collection :

AU COEUR DE L'IMPENSABLE
Dr Jean-Marc Mantel

**LA VIE EST UNE
ETERNELLE RENCONTRE**
Bertrand Coquoz

**L'HOMME UN AMOUREUX QUI S'IGNORE
Y A-T-IL UNE FEMME POUR L'INITIER ?**
Stéphane Rudaz

**A LA RENCONTRE
DE NOTRE PAIX INTERIEURE**
Stéphane Rudaz

Achevé d'imprimer,
avec les documents fournis,
en septembre 1999
par IMPRIMERIE LIENHART
à Aubenas d'Ardèche

Dépôt légal septembre 1999
N° d'imprimeur : 1724
Printed in France

Le bonheur ne peut pas être atteint, c
ce qui peut apparaître peut disparaît
Le bonheur est une illusion à laquelle no
nous accrochons pour continuer à ex
ter en dehors de ce que nous Sommes

Le bonheur se veut rassurant dans mon
d'insécurité.

Rien ne provient de l'extérieur et rien n
nous est adressé personnellement, notr
bonheur ou notre malheur n'a pas d
source extérieure, il n'a pas d'origine. I
provient de notre perception de la vie, o
autrement dit à notre opposition à la vie
à sa fragmentation.

Rien n'est dirigé vers nous, rien ne peut
être atteint. Même la vie ne s'adresse pas
à nous, elle est nous.

La vie n'a pas de sens, nous naissons pour
mourir. C'est notre attitude face à la vie,
notre besoin de lui donner un Sens en
nous fixant des objectifs qui nous rend
malheureux ou heureux selon les résul
tats que nous obtenons.

Et si au-delà du bonheur et du malheu
existait un espace où nous Sommes san
cause et sans intention ?

Pas de bien, pas de mal, juste là, Prése